QUESTION

DES

LIVRES SCOLAIRES

II. — DISCUSSION

1874

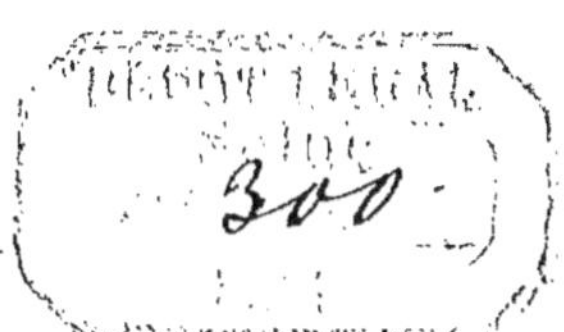

QUESTION
DES
LIVRES SCOLAIRES

II. — DISCUSSION

1874

QUESTION
DES LIVRES SCOLAIRES

II

DISCUSSION

La loi du 19 mars 1873, relative à la composition et aux attributions du Conseil supérieur, dit :

Art. 4. Le Conseil supérieur est nécessairement appelé à donner son avis...

§ 6. Sur les livres qui peuvent être introduits dans les écoles publiques et sur ceux qui doivent être défendus dans les écoles libres, comme contraires à la morale, à la constitution et aux lois.

En exécution de cette loi, le ministre prit, le 22 juillet 1873, un arrêté ainsi conçu :

Art. 1. Tout auteur ou éditeur qui voudra obtenir qu'un livre puisse être introduit dans les écoles publiques, devra en déposer trois exemplaires au ministère de l'instruction publique, avec une demande signée de lui.

Le ministre ne fait examiner que les ouvrages imprimés.

Art. 2. Les ouvrages déposés, si le ministre estime qu'il y a lieu, sont renvoyés, pour être examinés, à une commission composée des inspecteurs généraux des trois ordres et de membres nommés par le ministre.

Art. 3. Chaque ouvrage est l'objet d'un rapport écrit et signé, fait à la commission par un de ses membres.

La commission délibère sur chaque rapport et émet l'avis qu'il y a ou qu'il n'y a pas lieu d'autoriser l'introduction de l'ouvrage dans les écoles publiques.

. . . .

Art. 5. La liste des ouvrages que le ministre, après l'examen de la commission, a reconnu pouvoir être introduits dans les écoles publiques, est adressée aux membres du Conseil supérieur de l'instruction publique, en même temps que la lettre portant convocation pour la session prochaine.

Pendant cette session, tous ces ouvrages sont renvoyés, avec les rapports et les avis de la commission, au Conseil supérieur, qui, sur le rapport d'un de ses membres, donne son avis sur l'admissibilité desdits ouvrages.

Le ministre statue définitivement.

. . . .

Les principaux éditeurs d'ouvrages classiques ont déjà eu l'honneur d'adresser à M. le ministre de l'instruction publique et à MM. les membres du Conseil supérieur une note dans laquelle ils ont fait l'historique de la question des livres scolaires, en ce qui concerne leur admission dans les écoles publiques.

La loi du 15 mars 1850 disait :

Art. 5. Le Conseil supérieur de l'instruction publique est nécessairement appelé à donner son avis.....

§ 6. Sur les livres qui peuvent être introduits dans les écoles publiques, et sur ceux qui doivent être défendus dans les écoles libres comme contraires à la morale, à la constitution et aux lois.

Cet article est passé textuellement dans la loi nouvelle.

En 1850 comme en 1873, lorsqu'il s'est agi d'interpréter le sens et les conséquences de cet article, le ministre et le Conseil supérieur décidèrent que les livres, pour pénétrer dans les écoles publiques, devaient être revêtus de l'autorisation. Pour autoriser, il fallait examiner. Or le nombre des livres classiques fut tel, qu'après quinze années d'efforts infructueux et de combinaisons diverses, on dut reconnaître que le système des autorisations était impraticable, que le travail matériel qui en était la conséquence était de beaucoup disproportionné avec le but qu'on cherchait à atteindre, et, d'un commun accord, le ministre et le Conseil supérieur substituèrent le *veto* à l'autorisation. Aucun livre ne fut plus autorisé, tous purent pénétrer dans les écoles, sauf ceux qui furent frappés d'interdiction.

Cette décision fut prise à la suite d'une note du ministre adressée au Conseil supérieur, et dont voici les principaux considérants :

« La loi du 15 mars 1850 a investi le ministre du droit de décider, le Conseil supérieur entendu, quels livres peuvent être introduits dans les écoles publiques, quels doivent être interdits dans les écoles libres. En fait, c'est une commission qui, depuis 1859, exerce cette prérogative. Avant cette époque, il n'y avait eu, depuis 1849, c'est-à-dire pendant dix années, ni examen ni autorisation.

« Dès le premier jour de son installation, la commission reçut 800 ouvrages. Le nombre de ceux qui sont annuellement déposés sur son bureau varie de 250 à 300. Or, malgré l'activité de ses travaux, elle peut tout au plus égaler le nombre de ses rapports annuels à celui des ouvrages annuellement adressés, et se voit indéfiniment surchargée d'un arriéré considérable. De là, si l'on suit l'ordre de l'inscription, des retards qui condamnent l'auteur à attendre un jugement pendant 2, 3 et 4 ans, ou, si on l'intervertit, un véritable déni de justice, puisqu'il y aura préjudice effectif pour les uns ou privilége pour les autres.

« L'administration est, dans ce système, imparfaitement éclairée ; car elle n'est mise que très-tardivement au courant de la valeur des publications classiques, et elle est obligée, contre sa propre règle, de tolérer l'introduction dans les établissements publics d'ouvrages utiles et bien faits, mais non revêtus de la sanction officielle. La loi est ainsi fréquemment violée, et l'autorité morale de la commission se trouve affaiblie par cette indifférence à solliciter son approbation. Enfin cette intervention de l'État, avec les retards que l'examen entraîne, est une gêne pour un commerce considérable, celui de la librairie ; et le privilége que l'autorisation accordée par le ministre constitue en faveur des livres approuvés entrave la production, diminue la concurrence et prive la littérature classique d'un élément d'amélioration.

« Une raison plus grave de renoncer à ce système, lors même que l'on viendrait à bout de supprimer les lenteurs administratives, c'est la solidarité établie par l'autorisation entre l'Université qui approuve et l'ouvrage qui est approuvé. Malgré les progrès de la science, qui font vieillir si rapidement certains ouvrages, le livre autorisé conserve à toujours l'autorisation une fois donnée, et l'Université devient responsable des erreurs d'aujourd'hui qui avaient paru des vérités hier.

« Le gouvernement a cessé, dans l'ordre matériel, de donner sa garantie aux inventeurs, pourquoi continuerait-il, dans l'ordre pédagogique, à la donner aux écrivains ?

« Il serait accordé complète satisfaction au commerce, qui demande plus de liberté ; à l'opinion publique, qui n'aime pas ces entraves établies au nom de l'Etat ; à l'administration, qui a le droit de surveiller et, au besoin, de réprimer, mais non celui de diriger comme par la main toutes choses et toutes personnes, si, comme le veut la loi pour les écoles libres, l'autorisation était remplacée par le *veto*.

« Tout livre non frappé d'interdiction aurait la liberté de pénétrer dans les maisons d'éducation. »

En suite de cette note, le ministre de l'instruction publique, le Conseil supérieur entendu, prit un arrêté qui mettait fin au système des autorisations. Le système du *veto* ou de l'interdiction subsista seul, et ce régime a fonctionné jusqu'à ce jour.

On a vu que le texte de la loi de 1850 et celui de la loi récente de 1873 sont identiques. Si, sous l'empire de la loi de 1850, on a pu adopter successivement l'autorisation, puis le *veto*, c'est parce que la loi se prêtait également bien à ces deux interprétations ; il suit de là qu'en 1873, comme en 1865, on pouvait adopter le régime du *veto ;* non-seulement on le pouvait, mais ce système s'imposait de lui-même, puisqu'il restait acquis que le système des autorisations n'avait donné que des résultats négatifs.

Ce n'est pas tout. Lors de la discussion de la loi de 1873, le ministre insista vivement, en se servant d'arguments analogues à ceux qu'un de ses prédécesseurs avait fait valoir, sur les inconvénients de l'autorisation, et demanda qu'on s'en tînt à l'interdiction. La commission, par la voix de son rapporteur, M. de Meaux, déclara que *le texte de l'art.* 4, § 6, *ne faisait pas obstacle à cette interprétation, et qu'il appartenait au Conseil supérieur de voir s'il lui convenait d'exercer de cette façon le pouvoir qui lui était conféré par la loi* (1). Sous le bénéfice de cette déclaration, le ministre accepta la rédaction de la commission, et le § 6 fut adopté par l'Assemblée.

L'arrêté qui vient de faire revivre les autorisations n'a tenu compte ni de l'expérience acquise, ni du vœu du ministre, ni

(1) *Question des livres scolaires*, *Historique*, page 66.

de la latitude laissée par la commission législative ; le Conseil supérieur, auquel il appartenait de prendre une décision, paraît, d'après les termes de l'arrêté, n'avoir pas été consulté. Il peut donc aujourd'hui, alors que la question est encore entière, puisqu'aucune autorisation n'a été publiée, se prononcer pour l'un ou pour l'autre système.

C'est à ce point de vue que se placeront les soussignés pour présenter les observations qui vont suivre. En exposant leurs raisons, ils feront abstraction de leurs propres préférences et ne songeront qu'à la chose publique, dont ils s'honorent de prendre, avant tout, souci. Cependant, s'il se présente à leur esprit des considérations qui relèvent des intérêts et des droits du commerce, ils les feront valoir avec une égale insistance, persuadés qu'on voudra ménager ces intérêts et ces droits, si, comme ils espèrent le démontrer, le bien général n'exige pas qu'on les lui sacrifie.

Comme on vient de le voir, de 1859 à 1865, on essaya d'appliquer rigoureusement la réglementation qui exigeait que les seuls livres autorisés pénétrassent dans les écoles publiques. Mais, dans la pratique, l'exécution de cette prescription n'en restait pas moins très-difficile, de telle sorte qu'en dépit de la loi bon nombre de livres, excellents d'ailleurs, mais non autorisés, vécurent sans être inquiétés dans les écoles, à côté des livres autorisés.

On serait mal fondé à dire que des instructions formelles seront données aux inspecteurs pour que, à partir de telle date, ils interdisent l'emploi d'un livre non autorisé ; car, outre qu'il n'y a pas péril en la demeure, l'inspecteur se heurtera à des difficultés matérielles d'exécution. Dans les campagnes, les parents sont malheureusement peu disposés à faire des sacrifices en faveur de l'instruction, et ils se refuseront à renouveler, pour des raisons qu'ils ne comprendront pas, le matériel classique de leurs enfants, et à rejeter comme mauvais un livre qu'ils auront acheté sur les recommandations réitérées du maître.

Nous allons plus loin; nous pensons qu'un tel ostracisme nuirait aux progrès de l'enseignement, parce qu'il amènerait les éditeurs à couper court à tout nouvel effort, dans la crainte de se voir refuser l'autorisation. Or, on ne peut nier que le *statu quo* de la part des éditeurs aurait pour conséquence un arrêt très-appréciable dans les progrès de l'enseignement. Chaque publication nouvelle apporte sur sa devancière une amélioration quelconque, et c'est parce qu'on a fait tentatives sur tentatives, que la bibliothèque des écoliers s'est enrichie de livres d'une perfection achevée. Sous la salutaire influence de l'émulation des intérêts privés, les procédés d'impression se sont améliorés, les gravures et les cartes sont venues prêter un utile concours au livre, enfin on est parvenu à donner de véritables petits chefs-d'œuvre à des prix très-modiques, au grand bénéfice de la diffusion de l'instruction primaire et secondaire.

De son côté, le Conseil supérieur, chargé d'examiner plusieurs milliers de livres, ne pourra que s'en rapporter aux décisions de la commission ministérielle nommée pour préparer le travail, et approuver tout ce qu'elle aura fait, engageant ainsi sa responsabilité sur des questions qu'il n'aura pu approfondir, au risque de fournir des armes contre lui-même.

Voyons maintenant ce qu'est cette commission ministérielle d'examen, et dans quel ordre d'idées elle se placera pour donner ou pour refuser l'autorisation.

L'arrêté ministériel dit que cette commission « se compose des inspecteurs généraux des trois ordres et de membres nommés par le ministre. » Comme il n'y a en totalité que 21 inspecteurs généraux, et qu'ils ont d'autres occupations que celle d'examiner des livres, les membres nommés par le ministre doivent être nombreux, si l'on en juge par le nombre des livres à examiner (1); nous sommes d'ailleurs, à ce point de vue, réduits aux simples conjectures, car, jusqu'ici, on n'a pas cru devoir porter leurs noms à la connaissance du public intéressé.

Voilà donc le sort d'une opération commerciale importante — pour certains dictionnaires, cours d'histoire, cours de grammaire, c'est par 100,000 fr. qu'il faut compter les capitaux engagés — remis entre les mains d'un examinateur dont on ignore le nom, et qui sera d'autant plus à l'aise pour prendre une détermination, qu'il n'encourt aucune responsabilité, et que sa décision, comme celle de la commission elle-même, est protégée et couverte par l'approbation du Conseil supérieur. Nous savons bien que chaque examinateur fait sur chaque ouvrage un rapport dont les termes sont discutés en commission ; mais qu'on veuille bien songer aux quelques milliers de volumes à examiner, aux deux séances par mois de la commission, et l'on conviendra que celle-ci sera obligée de procéder avec rapidité, et de statuer, dans la plupart des cas, sur la foi du rapport.

Or, à quel point de vue se placera le rapporteur? sera-ce au seul point de vue de la morale, de la constitution, des lois, de la religion? ou bien, se faisant critique de l'œuvre, appréciera-t-il les méthodes, et décidera-t-il si elles sont bonnes ou mauvaises, hardies, inopportunes, avancées, arriérées? Quelle sera alors la règle de sa décision, quel point d'appui

(1) Quelque nombreux que soient les membres de la commission, et quel que soit leur zèle, il est difficile d'admettre qu'ils puissent examiner plus de cent volumes en un mois. — Si donc il est vrai que le nombre des ouvrages déposés à ce jour au ministère atteigne déjà 6,000, et si l'on tient compte d'autre part des ouvrages nouveaux qui seront au nombre de 4 à 500 par an, le Conseil supérieur sera matériellement empêché, avant un terme de cinq années, de faire connaître le résultat de ses travaux, à moins qu'il ne se décide à établir des listes partielles, dont la publication constituerait une inégalité profonde entre le livre approuvé et celui qui ne le serait pas encore, inégalité qui serait aussi fâcheuse pour l'auteur que préjudiciable aux intérêts de l'éditeur.

choisira-t-il pour asseoir son jugement? Sera-ce ses habitudes? son expérience? ses propres œuvres? Mais ce qui déplaît à celui-ci peut plaire à celui-là, et l'on a vu tel système, condamné dans le cabinet d'un rapporteur, produire dans la pratique d'excellents résultats. Qui sera juge de ces mérites ou de ces démérites? L'auteur ou l'éditeur sont-ils appelés à défendre leur cause? Non, tout cela se passe sans eux, en dehors d'eux, et ils ne connaîtront leur sort que quand il leur sera impossible d'y rien changer. L'existence commerciale de l'éditeur pourra en être compromise, son crédit ébranlé : il n'y pourra rien. On conviendra qu'un tel régime est excessif, inéquitable, et qu'il impose à la librairie classique, sous prétexte de surveillance, des rigueurs inconnues aux autres genres de commerce.

Nous disons librairie *classique*, car les autres branches de la librairie, si elles commettent des écarts, sont appelées devant les tribunaux et jugées au grand jour, conformément au droit commun ; encore faut-il que ces écarts portent sur les lois, la constitution, la morale, la religion; tandis que la librairie classique peut être condamnée à huis clos, sans débat contradictoire, pour écart de méthode, délit d'innovation ou tentative de progrès!

Quels sont donc les commerçants qui encourent ce régime si peu conforme au droit public? Sans nul doute, ce sont des gens redoutables, dont le passé rend nécessaires, pour l'avenir, les mesures d'exception et les répressions extra-légales? Nullement. Ce sont des hommes paisibles, la plupart exerçant de père en fils un métier qu'ils honorent et qu'ils respectent, et dont la longue carrière commerciale est sans tache d'aucune sorte. Les ministres de l'instruction publique les considèrent volontiers comme des collaborateurs, ils les tiennent au courant des nouveaux programmes, et plus d'une fois ont compté sur leurs efforts pour interpréter ceux-ci et les mettre en application.

Voilà les gens qu'on frappe si rudement. Il convient de leur adjoindre un très-grand nombre d'auteurs, presque tous fonctionnaires de l'Université, qui, entraînés par leur zèle pour l'enseignement, ont accepté la tâche de rédiger et de publier leurs leçons.

En présence de réglementations aussi rigoureuses, l'esprit se perd en conjectures, et chacun peut se demander où l'on en est et où l'on veut en venir.

Serait-on mal renseigné, et croit-on que les écoles publiques soient envahies par des livres entachés d'immoralité et de doctrines anti-religieuses et anti-sociales? A ceux qui croiraient à de semblables exagérations nous conseillerons d'aller visiter une de nos écoles : ils seront vite désabusés. Grâces à Dieu, les maîtres de l'enfance connaissent encore leurs devoirs, les parents les moins scrupuleux veulent encore qu'on préserve les premières années de leurs enfants de tout contact impur et de tout enseignement mauvais : le livre coupable serait honni, conspué, poursuivi par la réprobation publique, avant même que la justice, qui aurait alors le droit d'intervenir, eût frappé de ses arrêts le méprisable producteur d'une telle œuvre.

Veut-on atteindre dans sa chaire tel professeur de collége ou de lycée qu'on accuse d'enseigner des doctrines contraires à celles de l'Université? Ce serait faire peu d'honneur à sa science et à ses convictions que d'admettre qu'il s'inspire d'un modeste livre de classe pour faire son cours. En tout état de cause, on se trompe singulièrement de but, si on prétend arrêter le maître en frappant le livre. Que l'administration se renseigne, et qu'elle use de son autorité envers qui de droit : le livre est innocent.

A-t-on vu avec regret Lucrèce, Plaute, Térence, Aristophane pénétrer dans nos classes, et en rend-on responsable la librairie classique? On se trompe encore de but. Les *Extraits* de ces auteurs, choisis d'ailleurs avec une extrême réserve, n'ont été publiés que sur les indications des programmes. Qu'on modifie ceux-ci, et le mal disparaîtra: le livre est innocent.

Pense-t-on seulement que les livres classiques sont trop nombreux, que, dans la quantité, il s'en trouve beaucoup de médiocres, et veut-on en réduire le nombre en n'autorisant que ceux qui sembleront les meilleurs? S'il en est ainsi, qu'on veuille bien songer qu'il n'appartient ni à un rapporteur, ni à une commission, ni à une assemblée, si éclairée qu'elle soit, de décider si une méthode est bonne ou mauvaise. Le corps enseignant seul, par son expérience, par ses connaissances spéciales, par l'accueil qu'il fait à l'œuvre, par les résultats qu'il en retire, est apte à juger de ses qualités ou de ses défauts. Cela est tellement vrai, que le choix qu'on se propose de faire est tout fait déjà, puisque, parmi plusieurs milliers d'ouvrages classiques, un nombre très-restreint seulement est en possession de la faveur des maîtres et répandu dans les écoles. Le bon livre seul fait son chemin; il s'impose à la masse par les résultats qu'il amène et par le concert d'éloges qui s'élève autour de lui: tous se le signalent et le recommandent à l'envi. Quant au livre médiocre, il meurt en naissant, ou végète, ou ne fournit qu'une très-courte carrière.

Un bon livre classique n'est pas chose facile à faire; l'imagination, la science, l'expérience, les meilleures intentions même ne suffisent pas: il faut de tout cela et autre chose encore: l'amour et le respect de l'enfance, l'intime connaissance de ses goûts, de ses aptitudes, de ses besoins, enfin ce je ne sais quoi de merveilleux qui a rendu immortels les noms de Lhomond, de Rollin, de Pestalozzi, de Frœbel. Si le livre qui réunira ces précieuses conditions est frappé à ses débuts,

— et il peut l'être, car, à la simple lecture, il ne diffère pas des autres, et il ne brillera de tout son éclat que dans la classe, — bien plus, ce qui fait son mérite pourra paraître un défaut, — ne court-on pas le risque de priver la littérature classique, si peu fournie déjà, d'un élément de progrès et d'amélioration? Les livres médiocres ne font de mal à personne, puisqu'on ne les suit pas: pourquoi ne leur permettrait-on pas de vivre, ou plutôt de mourir d'eux-mêmes, afin de conserver la chance, en laissant à chacun sa liberté, de voir naître des ouvrages qui rendraient de bons et durables services?

Encore une fois, les livres qui jouissent d'une faveur générale sont rares ; loin de mettre obstacle à leur éclosion, il convient d'en multiplier le nombre et d'en favoriser la publication par tous les moyens possibles, afin de permettre à l'œuvre bonne de se produire et aux maîtres de varier leurs leçons.

En dernier lieu, nous ne pouvons supposer qu'on se propose de relever le niveau des études ou d'encourager l'instruction par le travail d'élimination auquel on veut se livrer. Les progrès de l'enseignement public ne dépendent pas seulement des livres, et c'est ici le cas de dire: tant vaut le maître, tant vaut la méthode ; un bon maître fera des merveilles avec un ouvrage médiocre, un maître incapable ne produira rien avec un livre parfait. Qu'on instruise les maîtres, qu'on les multiplie, qu'on améliore leur situation, qu'on répande l'instruction, et l'on obtiendra des résultats sérieux, qu'entraveraient, bien loin qu'elles les servent, des restrictions apportées à la libre publication des livres classiques.

Si donc le régime des autorisations a pour but d'épurer la littérature classique au point de vue de la morale et des doctrines, le travail sera facile, puisque l'universalité des livres classiques est à l'abri de tout reproche ;

Si on prétend l'épurer au point de vue de la méthode, en n'autorisant que les livres qui paraîtraient excellents, le Conseil s'expose à engager gravement sa responsabilité et celle du ministre ;

Si enfin on veut aider aux progrès de l'enseignement, on va contre le but qu'on recherche ; car la crainte de se voir refuser l'autorisation rendra les auteurs et les éditeurs craintifs et peu soucieux d'entreprendre de nouvelles publications.

Avant tout, quelle chose importe au Conseil ? C'est que l'accès des écoles soit impitoyablement fermé à tout livre mauvais. Nous osons dire que le système du *veto* offre à cet égard toutes les garanties désirables.

Mais, objectera-t-on peut-être, ces garanties ne sont pas suffisantes, puisqu'elles n'ont pas empêché que des livres répréhensibles pénétrassent dans certaines écoles. Nous ne savons ni où, ni quand ces faits se sont produits ; nous ignorons même s'ils se sont produits ; mais en rendre responsable le système du *veto*, c'est conclure de la négligence dans la répression à l'insuffisance des moyens. Les inspecteurs des écoles, qui sont parfaitement au courant des livres suivis dans le ressort de leur inspection, n'avaient qu'à signaler les livres en question au ministre, qui les eût frappés d'interdiction.

Le *veto* est, en outre, d'une application extrêmement facile, puisqu'il n'entraîne avec lui ni lenteurs, ni responsabilité. « Sur ce point, disait tout récemment le ministre à l'Assemblée, point de difficulté : les professeurs eux-mêmes, les proviseurs, les recteurs, les libraires, la chambre de commerce, tout le monde apporte un livre et dit : « Voyez ce livre, il n'est pas bon. » Rien de plus simple. »

Ainsi seraient conciliés, par l'adoption du *veto*, les légitimes garanties dont il convient d'entourer l'enseignement de la jeunesse, les encouragements qu'il est utile de donner à la publication des livres d'instruction, et les intérêts très-respectables des auteurs et de toutes les industries qui concourent à la production du livre.

Les soussignés ont l'honneur de soumettre les observations qui précèdent à la haute et bienveillante appréciation de M. le Ministre et de MM. les Membres du Conseil supérieur, et ils attendent avec confiance la décision que, dans leur sagesse, ils croiront devoir prendre.

Paris, 7 janvier 1874.

Les membres du Syndicat des librairies classiques.

L. Bréton (de la maison Hachette et Cie), président,

Paul Delalain (de la maison Jules Delalain et fils), secrétaire.

Vve Eugène Belin,
A. Boyer et Cie,
Armand Colin et Cie,
Charles Delagrave,
Paul Ducrocq,
Paul Dupont et Cie,
Ch. Fouraut et fils,
Lecoffre fils et Cie,
Poussielgue frères,
Vve Putois-Cretté.

Pour le Cercle de l'imprimerie, de la librairie et de la papeterie :

Ch. Noblet, secrétaire. G. Masson, président,

Paris. — Imprimé par Ch. Noblet, rue Soufflot, 18

www.ingramcontent.com/pod-product-compliance
Lightning Source LLC
LaVergne TN
LVHW010321230826
846091LV00009B/3743
9782013632737